El Libro de Prueba del Eneagrama

Una Guía Práctica para el Autodescubrimiento y la Autorrealización para Mejorar las Relaciones y Llevar Una Vida Mejor: Los Mejores Audiolibros y Libros del Eneagrama; Libro 2

Carly Greene

© **Copyright 2020 - Todos los derechos reservados.**

El contenido de este libro no se puede reproducir, duplicar ni transmitir sin el permiso directo por escrito del autor o el editor.

Bajo ninguna circunstancia se responsabilizará al editor o al autor por cualquier daño, reparación o pérdida monetaria debidos a la información contenida en este libro, ya sea directa o indirectamente.

Aviso Legal:
Este libro está protegido por derechos de autor. Es solo para uso personal. No se puede enmendar, distribuir, vender, usar, citar o parafrasear ninguna parte o el contenido de este libro sin el consentimiento del autor o editor.

Aviso de exención de responsabilidad:
Tenga en cuenta que la información contenida en este documento es solo para fines educativos y de entretenimiento. Se han realizado todos los esfuerzos para presentar información precisa, actualizada, confiable y completa. No se declaran ni implícitas garantías de ningún tipo. Los lectores reconocen que el autor no se dedica a la prestación de asesoramiento legal, financiero, médico o profesional. El contenido de este libro se ha obtenido de varias fuentes. Consulte a un profesional autorizado antes de intentar cualquier técnica descrita en este libro.

Al leer este documento, el lector acepta que bajo ninguna circunstancia el autor es responsable de las pérdidas, directas o indirectas, en las que se incurra como resultado del uso de la información contenida en este documento, incluidos, entre otros, errores, omisiones o inexactitudes.

Tabla de Contenidos

Tabla de Contenidos
Introducción
El Cuestionario
Interpretando EL QUESTIONARIO
Tipo uno: EL REFORMADOR

    El patrón de la infancia
    Prácticas que ayudan a los uno a desarrollarse

        Claves para la reflexión

Tipo dos: EL AYUDANTE

    El patrón de la infancia
    Prácticas que ayudan a los dos a desarrollarse

        Claves para la reflexión

Tipo Tres: EL Triunfador

    El patrón de la infancia
    Prácticas que ayudan a los tres a desarrollarse

        Claves para la reflexión

Tipo Cuatro: EL INDIVIDUALISTA

    El patrón de la infancia
    Prácticas que ayudan a los cuatro a desarrollarse

        Claves para la reflexión

Tipo cinco: EL INVESTIGADOR

    El patrón de la infancia
    Prácticas que ayudan a los cinco a desarrollarse

        Claves para la reflexión

Tipo seis: EL LEAL

- El patrón de la infancia
- Prácticas que ayudan a los seis a desarrollarse
  - Claves para la reflexión

Tipo Siete: EL ENTUSIASTA

- El patrón de la infancia
- Prácticas que ayudan al siete a desarrollarse
  - Claves para la reflexión

Tipo ocho: EL DESAFIANTE

- El patrón de la infancia
- Prácticas que ayudan a los ocho a desarrollarse
  - Claves para la reflexión

Tipo Nueve: EL PACIFICADOR

- El patrón de la infancia
- Prácticas que ayudan a los nueve a desarrollarse
  - Claves para la reflexión

Conclusión

Introducción

Se dice que los principios del Eneagrama existen desde la historia antigua. Sus raíces se remontan a hace unos 4.500 años, en Babilonia. También se ha dicho que agregó su influencia del movimiento de la Cabalá judía, el misticismo cristiano e incluso el sufismo, una forma mística del Islam. Los tipos de personajes del Eneagrama también aparecieron fuertemente en La Divina Comedia de Dante al trazar el mapa del crecimiento personal y la transformación de cada uno de los personajes en el poema. George Ivanovich Gurdjieff introdujo por primera vez la metodología del Eneagrama a sus estudiantes en la década de 1930. Él era un maestro espiritual y lo presentó como un símbolo espiritual. Hoy, los investigadores se enfocan en el aspecto psicológico del Eneagrama en lugar del aspecto religioso. El Eneagrama se utiliza principalmente como una herramienta de autodominio para desarrollar personalidades y para el autoconocimiento personal. Su aplicación también ha demostrado ser bastante valiosa en asesoramiento y psicoterapia, así como en el desarrollo empresarial.

Entonces, ¿qué es exactamente el Eneagrama? El sistema del Eneagrama describe los nueve tipos de personalidad y explica cómo cada uno de ellos interpreta el mundo. Cada uno de los nueve tipos de personalidad tiene un sistema de creencias central en el que operan. Su percepción del mundo está determinada por sus personalidades, y aunque estas percepciones no son necesariamente erróneas, tienen sus limitaciones. Al comprender cada tipo de Eneagrama, obtendrá información sobre los patrones de comportamiento y comenzará a comprender cómo las creencias fundamentales de una persona la motivan a tomar sus decisiones. Este sistema lo guiará para comprender mejor las reacciones de las personas frente al estrés y para fomentar el desarrollo personal y profesional, así como un crecimiento espiritual más profundo.

Eneagrama no agrupa a las personas por su comportamiento, sino por lo que las motiva. Cada tipo tiene diferencias únicas y el

Eneagrama sirve para señalar los deseos y ansiedades de cada tipo. La prueba del Eneagrama te comparará con los nueve tipos de personalidad y encontrará el que mejor se adapte a ti. A medida que respondas las preguntas de la prueba de personalidad del Eneagrama, elige la respuesta que mejor te describa en el momento presente y no sobre cómo te ves a ti mismo en el futuro. Si no estás seguro o no estás convencido de que una respuesta te describa con precisión, piensa en cómo eras en tus años de formación. Tendemos a ser más fieles a nosotros mismos cuando somos adultos jóvenes. La prueba del Eneagrama explora la psique humana e interconecta los nueve tipos diferentes de personalidad. Aunque podemos identificarnos con más de un tipo de personalidad, el resultado más importante de esta prueba será mostrarte a qué tipo te adhieres más. Una vez que te des cuenta de tus fortalezas y debilidades, podrás comenzar a mejorar tu vida de la manera más notable. Los nueve tipos han recibido diferentes nombres basados en los autores individuales del Eneagrama. Este libro utilizará los nombres dados por Riso y Husdon, que son:

1. El reformador
2. El ayudante
3. El triunfador
4. El individualista
5. El investigador
6. El leal
7. El entusiasta
8. El retador
9. El pacificador

Los beneficios del Eneagrama nos ayuda a determinar nuestro propio tipo de personalidad sin ponernos en una caja, mientras nos ayuda a ver nuestras limitaciones (o nuestra caja) de cómo experimentamos el mundo. Aunque nuestras personalidades nos permiten expresarnos, pueden limitar nuestra perspectiva. Los desafíos surgen cuando nos quedamos estancados en nuestros hábitos. Al tomar conciencia de estos patrones, nuestras vidas pueden volverse más satisfactorias, nuestras relaciones pueden volverse más saludables y podemos conectarnos mejor con nuestro verdadero yo. El Eneagrama nos ayudará a comprender nuestras reacciones para que podamos ser más hábiles al trabajar con las personas. Nuestras relaciones personales y laborales serán más exitosas. Aprenderemos a no tomarnos la hostilidad y la negatividad como algo personal una vez que entendamos lo que las personas piensan y cómo se sienten. Nos volvemos más compasivos y tolerantes con los demás. El Eneagrama te ayudará a identificar las áreas psicológicas o emocionales que necesitan curación. Ofrece crecimiento personal y una forma de desarrollar tu vida interior mientras te permite experimentar la presencia del Espíritu que está dentro de nosotros.

El Cuestionario

El cuestionario principal a seguir es el QUEST de Riso-Hudson, o Prueba de clasificación rápida del Eneagrama. Podrás reducir las posibilidades para tu tipo en menos de cinco minutos. También hará posible la identificación de otras dos o tres posibilidades para tu tipo. El siguiente conjunto de cuestionarios se relaciona con el Riso-Hudson TAS (Clasificador de actitud de tipo). Hay una lista de quince declaraciones con un carácter en mente para cada uno de los nueve tipos. Si no has realizado un Eneagrama antes, comienza con QUEST y luego con TAS para encontrar una coincidencia. Por ejemplo, supongamos que QUEST sugiere que tú eres del tipo 6, puedes ir inmediatamente a las quince declaraciones de la TAS. Puedes verificar las declaraciones asociadas con el Tipo 6 y ver si obtienes una puntuación alta allí también.

Si es correcto, entonces estás en el camino correcto. Existe la posibilidad de que un autodiagnóstico sea incorrecto, así que mantén la mente abierta y continúa explorando el Tipo 6. Si encuentras que los ejercicios tienen un efecto fuerte en ti, lo más probable es que seas un Tipo 6. Pasa tiempo leyendo este libro para comprender tu tipo.

Medita un rato en la información, este descubrimiento no tiene fin. El autodescubrimiento es un viaje continuo.

Una vez que hayas descubierto tu tipo, es posible que experimentes muchas emociones diferentes, incluida la satisfacción, la vergüenza o la felicidad. Una vez que las cosas que has sabido casi instintivamente sobre ti mismo y los patrones de tu vida se vuelven claros, puedes estar seguro de haber identificado tu tipo de personalidad.

La QUEST de Riso-Hudson: la prueba de agrupación rápida del Eneagrama.

INSTRUCCIONES:

Para que QUEST genere los resultados correctos, debe leer y seguir estas sencillas instrucciones.

1. Seleccione un párrafo, uno de cada uno de los dos grupos, que describa mejor su comportamiento y actitudes generales que han prevalecido a lo largo de su vida.
2. Aunque no todas las frases o descripciones de estos párrafos pueden ser ciertas para usted, si está de acuerdo con que sea al menos un 90% correcto, elíjalo sobre las otras dos. Mire la imagen completa y no rechace un párrafo solo porque no esté de acuerdo con algunas de las palabras. Debe estar de acuerdo con el tono general del párrafo.
3. Vaya con su instinto y no analice demasiado los párrafos. Tu intuición te dirá cuál es el adecuado para ti. El párrafo en su conjunto es mucho más importante que las palabras individuales.

Grupo I (elije A, B o C)

A. He sido independiente y bastante asertivo. Siempre he sentido que es mejor afrontar la vida de frente. Quiero que las cosas sucedan, así que establezco mis propias metas porque sé exactamente lo que quiero. No me gusta sentarme, quiero involucrarme. Trabajo duro y juego duro; Quiero lograr algo grande y tener un impacto en este mundo. No soy conflictivo, pero no dejaré que nadie me empuje.

B. Tiendo a ser callado y me gusta estar solo. No busco mucho la atención y me mantengo solo en los entornos sociales. Generalmente no soy asertivo ni contundente. No soy competitivo y no me gusta tomar la iniciativa en nada. Me han llamado soñador, aunque la mayor parte de mi energía va a mi imaginación. Estoy contento sin estar activo todo el tiempo.

C. He sido extremadamente dedicado y responsable durante la mayor parte de mi vida. Me siento culpable cuando no puedo asistir a mis citas y / o cumplir con las expectativas. Aunque no lo saben, he hecho sacrificios personales por muchas personas. Me he puesto a disposición de la gente y creo que sé qué es lo mejor para ellos, y haré lo que sea necesario. Generalmente hago lo que quiero; me cuido lo suficiente, cuando hay tiempo. Hago lo que hay que hacer y luego me relajo.

Grupo II (Elige 1, 2 o 3)

1. Tengo una visión positiva de la vida y creo que todo saldrá bien al final. Siempre puedo encontrar algo en lo que ocuparme y lo haré con la mayor cantidad de entusiasmo. Disfruto estar en compañía de otras personas y hacerlas felices. Hay momentos en los que no me siento muy bien, pero tiendo a ocultarlo a los demás. Mantener una actitud positiva hacia los demás a veces significa que no trato mis problemas de manera rápida y efectiva.

2. Tengo sentimientos tan fuertes sobre cosas que la mayoría de la gente puede decir cuando no estoy contento con algo. Pongo la guardia en alto cuando estoy con gente porque soy una persona bastante sensible. Dejo bastante claro dónde están los demás conmigo, por lo que, a su vez, espero saber cuál es mi posición con ellos. Cuando estoy alterado o molesto por algo, los demás deben responder de la misma manera. Aunque sé lo que hay que hacer, no me gusta que la

gente me diga constantemente lo que debo hacer. Quiero tomar decisiones por mí mismo.
3. Me siento extremadamente incómodo al lidiar con los sentimientos porque soy lógico y tengo autocontrol. Soy perfeccionista y prefiero trabajar por mi cuenta. Mis sentimientos no se convierten en conflictos o problemas. Me han llamado genial y distante porque no muestro mis emociones ni dejo que me afecten. Solo se interpondrán en mi camino y me distraerán de lo que es realmente importante.

Su código de dos dígitos será una letra del grupo I y un número del grupo II. Si te resulta difícil elegir una letra y un número, es posible que tengas una combinación de ambas personalidades. Ten en cuenta ambos códigos e investiga un poco sobre cada uno de ellos. Por ejemplo, si eliges B del grupo uno, pero encuentras que 1 y 3 te quedan del grupo II, tu combinación será B1 y B3.

Interpretando EL QUESTIONARIO

Une la letra y el número que elegiste del código de 2 dígitos. Si elegiste el párrafo C en el grupo I y el párrafo 2 en el grupo II, esto producirá el código de dos letras C2. Para averiguar qué tipo de personalidad básica indica la QUEST que eres, mira los códigos QUEST a la derecha (Kilson, 2020).

Código de 2 dígitos		Tipo Nombre y características clave
A1	7	El Entusiasta: Alentador, Logrado, Impetuoso
A2	8	El Desafiante: seguro de sí mismo, decidido, dominante
A3	3	El Triunfador: flexible, atrevido, consciente de la imagen
B1	9	El Pacificador: sensible, reconfortante, demasiado confiado
B2	4	El Individualista: instintivo, visual, ensimismado
B3	5	El Investigador: perceptivo, avanzado, aislado
C1	2	El Ayudante: cariñoso, amplio, dominante
C2	6	El Leal: atractivo, responsable, protector
C3	1	El Reformador: lógico, con principios, autocontrolado

Tipo uno: EL REFORMADOR

En lugar de avergonzarse de sus defectos, los Tipo Uno, o los reformadores, aceptan sus imperfecciones como perfecciones.

Este tipo de personalidad es conocido por ser responsable y se le considera perfeccionista. Se toman la vida demasiado en serio y muestran una fuerte aversión hacia los que no lo hacen. Son trabajadores, ambiciosos e impulsados hacia la perfección. Aunque ponen un gran esfuerzo en mejorar el mundo, tienden a ver el mundo en blanco y negro. El perfeccionista en ellos los hace parecer críticos y condescendientes, pero su deseo es poner orden y mejorar lo que perciben como caos. Su naturaleza práctica y su ojo para los detalles los hacen excelentes en la administración, aunque generalmente asumen más de lo que deberían.

Tienden a ver defectos en ellos mismos y en las personas que los rodean, así como en las situaciones en las que se encuentran. Su impulso por corregir estas imperfecciones los pone tan tensos que apenas pueden relajarse. Actúan sin pensar, generalmente porque tienen una fuerte fe en sus convicciones. Son personas difíciles de convivir y para llevarse bien debido a sus elevados principios y su actitud intransigente. Esperan que todos sigan las reglas como ellos, por lo que es menos probable que los reformadores sean espontáneos. Son excelentes líderes y tienen numerosos intereses. Son organizadores prácticos, trabajadores y natos, honestos y confiables.

Se sienten incómodos al mostrar cualquier tipo de emoción ya que ven esto como un signo de debilidad. Pueden reprimir su ira hasta el punto en que se manifiesta como molestia, frustración y ataques de mal genio. Tienen un deseo básico de ser íntegros, buenos y equilibrados. Sus miedos básicos son estar o volverse corruptos o defectuosos.

Las fortalezas del reformador incluyen:
- Honestidad
- Fiabilidad
- Atención a los detalles
- Cuidado por la comunidad

- Tener valores personales y los derechos de los demás le causan motivación
- Optimismo e idealismo
- Tranquilidad
-

Las debilidades del reformador incluyen:
- Perfeccionismo
- Ser demasiado crítico y moralista
- Estar establecido en sus caminos
- Actuar con resentimiento
- Tendencia a sermonear
- Estar fuertemente enfocado en los detalles minuciosos
- Ser terco

El patrón de la infancia

De niños, aquellos que exhiben el tipo de personalidad reformadora probablemente se habrían sentido criticados, o más a menudo, no lo suficientemente buenos. Puede que haya habido muchas inconsistencias en sus hogares. La condena o la naturaleza abusiva de sus hogares los convirtió en sus propios jueces y provocó que se desconectaran de un padre que debería haber sido su protector. Para hacer frente a esta desconexión, desarrollaron una obsesión por evitar errores y trabajar más duro para complacer y ganar aceptación. Se autocontrolaron cuando eran niños, castigándose a sí mismos antes que nadie. Sus propios sentimientos fueron reprimidos porque tenían que respetar la línea y ser responsables. Nunca hubo arrebatos de ira; esta emoción generalmente se manifestaba con dientes apretados mientras hacían una tarea. Para superar cualquier expectativa de ellos, siguen su propio conjunto de reglas y código de conducta. La defensa psicológica del tipo reformador es evitar la ira y mantener la imagen de tener siempre la razón.

Prácticas que ayudan a los uno a desarrollarse

Tómate un tiempo para ti y relájate. No tienes que tener el control de todo, porque afortunadamente, el mundo no depende de ti (aunque puedes sentir que sí). Puedes ser un excelente maestro; sin embargo, no muchas personas son tan autodisciplinadas como tú, así que no esperes que cambien de inmediato. La autocrítica y la irritación no hacen nada para mejorarte a ti mismo ni a nadie, así que trata de no preocuparte por los errores de otras personas. Tu superyó no te ayuda, te socava. Tu ira moralista aleja a las personas cada vez que te ofendes, simplemente porque no han hecho lo correcto según tu definición.

Ponte en contacto con tus emociones e impulsos inconscientes. Prueba la terapia de grupo o cualquier tipo de trabajo grupal que te ayude a desarrollar tus emociones de manera positiva. La ira y el resentimiento reprimidos pueden eclipsar tu vida, especialmente si esto está asociado con lo que crees que es verdad. Observa cómo reaccionan los demás cuando no eres crítico o no te apresuras a señalar sus errores. La necesidad de estar en lo cierto o de tener el control todo el tiempo puede generar tensión física en el cuello y los hombros y, a veces, incluso en la mandíbula.

Sé paciente, no esperes que los demás cambien automáticamente y piensen como tú. Reserva algo de tiempo para relajarte y delega algunas tareas a otros. Comprende tus emociones y siéntete en sintonía con ellas.

Claves para la reflexión

Detente unos minutos al menos tres veces al día para centrarte y reflexionar sobre lo siguiente:

Siempre que tu mente vea que algo está mal y necesita ser corregido, detente y observa cómo tu mente se equivoca. Discierne si realmente es necesario corregirlo.

Siempre que tu voz interior se vuelva crítica, detente y observa la cantidad de energía que entra en juicio. Practica liberar la energía de tu cuerpo.

Siempre que te encuentres juzgando a los demás o a ti mismo, detente y observa con qué frecuencia reaccionas a estos sentimientos. Reconoce y libera todos y cada uno de los juicios de ti mismo que ya no sean válidos.

Sé amable contigo mismo y sé receptivo a la serenidad tranquila y sin problemas que está presente. Diviértete con tus seres queridos y desarrolla al niño que llevas dentro. Revisa las actividades de la infancia que te hicieron realmente feliz. Reserva una parte de tu día en la que puedas relajarte y reflexionar. Alternativamente, toma descansos programados durante el transcurso de tu jornada laboral para evitar agotarte. Mejora tu estado de ánimo con la risa.

Tipo dos: EL AYUDANTE

A diferencia de los del Tipo Uno, los tipos de personalidad del Tipo Dos (o los Ayudantes) prefieren centrarse en el cuidado de los demás, en lugar de ellos mismos.

Este tipo de personalidad está formado por individuos desinteresados y cariñosos que siempre están dispuestos a participar y ayudar a los demás. Suelen concentrarse en entablar relaciones y son excelentes para hacer amigos. Son solidarios y generosos, y están tan interesados en las personas que recuerdan los cumpleaños de todos. Están realmente interesados en lo que perciben como las cosas buenas de la vida, como la familia, el amor y la amistad. Están constantemente buscando oportunidades para marcar la diferencia. Las personas se sienten atraídas por el tipo de personalidad Ayudante debido a su cálido corazón y el aprecio y la atención que les brinda.

Sin embargo, el amor y el afecto que da este tipo de personalidad tiene otro lado. Su necesidad de aprecio puede hacer que se esfuercen demasiado para ganarse el afecto de los demás y, a menudo, terminan con un sentido de derecho. Se vuelven mandones, intrusivos y manipuladores, y se sienten justificados al hacerlo. Son esponjas emocionales; les resulta difícil establecer límites o enojarse. Poner a los demás primero finalmente hace que el tipo de personalidad Ayudante se sienta secretamente resentido, y aunque trabajan muy duro para reprimir esta emoción, estallan ocasionalmente. Es probable que se adapten para ganarse la aprobación de amigos y seres queridos. Reprimen sus propias necesidades para parecer útiles. Tienen un miedo básico a ser indignos de amor y un deseo básico de ser amados.

Las fortalezas del Ayudante incluyen:
- Comunicación
- Popularidad
- Ser cariñoso y agradable
- Ser comprensivo
- Ser humilde
- Ser intuitivo

Las debilidades del Ayudante incluyen:
- Ser ingenuo
- Ser orgulloso y privilegiado
- Tener baja autoestima
- Creerse indispensable
- Auto-importancia inflada

El patrón de la infancia

Cuando eran niños, aquellos que exhibían la personalidad de Ayudantes se sentían amados solo cuando estaban ayudando a otros. Sentían que no había guía ni estructura en sus hogares y que la única forma de ganarse el amor era reprimir sus propias necesidades. Aunque el amor que dieron no siempre fue correspondido, cerraron sus propias necesidades porque se sentían egoístas. Su seguridad y sentido de pertenencia proviene de ser necesitados, y su amor finalmente se vuelve condicional. Esto podría manifestarse haciendo tareas domésticas o asumiendo responsabilidades de adultos como una forma de ganarse el amor que otros dan por sentado. El amor se define por dar y no recibir.

Prácticas que ayudan a los dos a desarrollarse

Primero, atiende tus propias necesidades, ya que te asegurarás de que puedas satisfacer las de cualquier otra persona sin resentimientos ni frustraciones. Es de sentido común asegurarte de que te has cuidado antes de atender las necesidades de los demás. Antes de decidir ayudar a alguien, piense cuáles son tus motivos para hacerlo. ¿Esperas algo a cambio? Si lo haces, es posible que te lleves una amarga decepción. Aunque es un rasgo admirable estar ahí para alguien, siempre es bueno preguntar qué es lo que realmente necesita. El hecho de que tengas un sentimiento intuitivo de sus necesidades no significa que ellos quieran que tú las satisfagas. La comunicación es clave, y si rechazan tu oferta de ayuda, acepta su decisión con elegancia. Ten cuidado de no recordarle a nadie lo que has hecho por ellos, permíteles agradecerte a su manera. De ninguna manera lo están rechazando si no te brindan el reconocimiento que deseas o si rechazan tu oferta de ayuda.

Estos tipos de personalidad experimentan tensión alrededor de las áreas del pecho y el diafragma. La energía acumulada en la parte superior de sus cuerpos hace que sea difícil mantenerse en tierra y se vuelven dramáticos y comunicativos. Suelen convertir sus sentimientos reprimidos en síntomas físicos.

Reconoce que tus propias necesidades son tan importantes como las necesidades de los demás. No podrás satisfacer las necesidades de otros si no satisfaces tus propias necesidades. Aunque a veces es bueno intervenir y ayudar, a veces es necesario tomar un descanso.

Claves para la reflexión

Sin juzgarte a ti mismo, toma nota de las razones por las que ayudas y sanas a quienes te rodean. ¿Qué es lo que alimenta tu necesidad de ser indispensable? No hay absolutamente ninguna necesidad de que reprimas tus propios deseos satisfaciendo las necesidades de los demás. Eres valorado y amado por lo que eres y no por lo que haces por los demás. Recupera tus energías de dar y tienes que saber con gran confianza que es igualmente importante recibir. Respira profundo y lentamente y consiéntete y ámate con cada respiración. Toma nota de cómo te responden los demás mientras te preocupas por ti mismo. Abre tu corazón para experimentar lo que realmente deseas para ti.

Explora tu lado artístico con el arte o la musicoterapia y da rienda suelta a tus sentimientos. Ve de compras, cambia tu estilo o crea un look único para ti.

Dedica tiempo a aprender quién eres realmente y emprende un viaje para descubrirte a ti mismo. Investiga tu herencia y árbol genealógico.

Dedica algo de tiempo a curarte, invertir en ti mismo y convertirte en una versión más fuerte de ti mismo. Desarrollarte espiritual y emocionalmente.

Tipo Tres: EL Triunfador

Las personalidades de Tipo Tres, o los Triunfadores, se centran en convertirse en las mejores y más reales versiones de sí mismos.

Los tipos de personalidad triunfadores son trabajadores y motivados; realmente pueden hacer cualquier cosa que se propongan. Por lo general, son los más exitosos y, a menudo, se los considera autosuficientes. Siempre están buscando algo en lo que sobresalir o para agregar a su ya impresionante conjunto de habilidades. Las personas con este tipo de personalidad se basan en sentimientos, son altamente adaptables y establecen y alcanzan altas metas personales y profesionales. Su naturaleza carismática es lo que otros encuentran contagioso, y se convierten en modelos a seguir que inspiran a otros a hacer y ser todo lo que están destinados a ser. Las personalidades del tipo tres se consumen tanto por su necesidad de triunfar y por sus éxitos que a menudo tienen miedo inconscientemente de fracasar. Este miedo inconsciente los deja con una sensación de vergüenza, que a su vez los deja con un miedo a la intimidad. Evitan las relaciones cercanas para mantener ocultos sus miedos. Suelen concentrarse en ser productivos y en las recompensas que conllevan, lo que a menudo significa que pierden su verdadero yo en el proceso.

Aunque son agradables, también son personas realmente difíciles de conocer. Mantienen la apariencia de ser exitosos y felices, mientras que tienen un miedo subyacente de ser un "nadie". Su éxito lo definen sus familias y sus entornos sociales y culturales, y siempre se esforzarán por ser alguien en su comunidad. Para ellos, tener un estatus es mejor que no tener ningún valor a los ojos de sus familias y comunidades. Las personalidades de Tipo Tres son generalmente conocidas como personas activas y no por sus sentimientos. Tienden a dominar cualquier emoción que se interponga en el camino de lo que están tratando de lograr. Tienen un miedo básico a ser inútiles y su mayor deseo es sentirse valiosos y valorados.

Las fortalezas del triunfador son:
- Éxito

- Logro
- Entusiasmo
- Automotivación
- Autenticidad
- Energía
- Habilidad artística
- Resistencia

Las debilidades del triunfador son:
- Vanidad
- Trabaja demasiado
- Competitivos
- Impaciencia
- Ser demasiado consciente de la imagen

El patrón de la infancia

De niños, a estos tipos probablemente no se les permitió mostrar sus sentimientos o ser ellos mismos. Tuvieron que ponerse una personalidad falsa para ser aceptados, y debido a que lo que deseaban era aceptación y atención, este comportamiento se convirtió en una forma de vida para ellos. Aprendieron a una edad muy temprana a reconocer patrones de comportamiento y actividades que los adultos valoraban y apreciaban. Aprendieron que eran amados por lo que hacían y por quiénes eran. Por lo tanto, para ganarse el elogio de sus padres, aprendieron a actuar en lugar de ser ellos mismos. Los de Tipo Tres son estudiantes con calificación A que tendrán muchas medallas y trofeos. Sin embargo, gradualmente comenzaron a perder contacto con su verdadero yo y eventualmente perdieron los deseos de su propio corazón.

Los triunfadores deben dejar de lado su imagen social y encontrar su yo interior. Su mecanismo de defensa suele ser fingir ser alguien distinto a ellos mismos para mantener la imagen de verse exitosos. Tienden a acumular tensión en el área del pecho, por lo que realmente deben estar atentos a los ataques cardíacos. Debido a que ponen tanto esfuerzo en la productividad, tienen una tristeza subyacente dentro de sí mismos.

Prácticas que ayudan a los tres a desarrollarse

Toma nota de tu entusiasmo por lograr metas. ¿Estás buscando la aprobación para realizar las tareas o te impulsa el elogio y el reconocimiento de quienes te rodean? Sé consciente de que el impulso de salir adelante en realidad te está alejando de tus verdaderas emociones. Una vez que te des cuenta de esto, recupera tu energía interna y respira. Respira lenta y profundamente y obsérvate a ti mismo. El amor proviene de ser uno mismo y de realizar otras actividades. Libera la presión que viene con la impaciencia disminuyendo la velocidad; al hacer esto, en realidad está aumentando su ritmo. Permítete tener los verdaderos sentimientos y los sentimientos de los demás en su corazón. No depende de sus esfuerzos; tome conciencia de cómo los demás le responden cuando abre su corazón.

Reconoce que los demás tienen potencial y anímalos a crecer, en lugar de centrarte en ti mismo. Discúlpate cuando te equivoques y practica ser más genuino y menos pretencioso.

Claves para la reflexión

Detente unos minutos cada día para centrarte y reflexionar sobre lo siguiente:

Toma nota de cómo tratar de ganarte la aprobación de los demás luciendo bien puede arruinar tu vida. No es necesario comportarse de cierta manera para ser reconocido; solo sé quién estabas destinado a ser. Deja que tus verdaderas emociones entren en tu corazón.

Enfoca tu atención lejos de la actuación, reduce el ritmo y toma nota de lo que estás haciendo. Recupera y recuerda tus sentimientos y anímalos a manifestarse. Deja que las cosas sean como son, mientras cultivas tus propios sentimientos.

Reduce la velocidad y abre tu corazón a ti mismo y a los demás; muestra compasión y paciencia por cómo son las cosas. Sé amable contigo mismo y sé receptivo a la energía que se te presenta.

Cultiva una quietud dentro de ti y permite que las cosas sean como deberían. Ejercita la paciencia contigo mismo y permite que surjan tus verdaderos sentimientos. Permite que tu corazón se abra a los demás y sé compasivo con las dificultades de los demás.

Tipo Cuatro: EL INDIVIDUALISTA

Aunque cada tipo de personalidad es único a su manera, las personalidades del Tipo Cuatro (o los Individualistas) realmente creen que son únicas.

Son buscadores de identidad que se ven a sí mismos como un regalo o una maldición. Se ven a sí mismos apartados de la gente común, pero esto también los separa de las alegrías de la vida que otros disfrutan tan fácilmente. Son extremadamente sensibles y, a menudo, se sienten subestimados. Disfrutan destacarse del resto del mundo con su estilo poco convencional y su implacable impulso de autodescubrimiento; siempre puedes encontrarlos en mercados de pulgas y otros lugares únicos. Los individualistas siempre están buscando salidas creativas como el arte o la música, por lo general se ven a sí mismos como personas con un talento único y su objetivo es, en última instancia, presentarlo al mundo. Debido a que se ven a sí mismos como únicos, piensan que nadie los comprende ni podrá amarlos lo suficiente. Se toman muy en serio la forma en que se presentan y, por lo tanto, intentan constantemente alinear sus valores con cada decisión que toman. Estos individualistas son dueños de sus sentimientos y, aunque no les guste lo que ven, no los niegan ni los esconden. Están dispuestos a comprender la verdad y probablemente compartirán aspectos personales y vergonzosos sobre sí mismos.

Tienen una tendencia a reprimirse cuando se sienten vulnerables y pueden volverse de mal humor o temperamentales. Su naturaleza melancólica y baja autoestima pueden llevarlos a episodios de depresión. Uno de los desafíos que enfrentan es dejar ir sus heridas y experiencias pasadas. Tienen un corazón abierto, aunque entrelazan tanto sus alegrías como sus sufrimientos. Una de sus defensas es traer valores externos y presentarlos a los demás para proyectar una auténtica autoimagen.

Su miedo básico implica no tener un significado personal, y su deseo básico es crear una identidad para ellos mismos. Tienen tendencia a retraerse y deprimirse, o expresan sus sentimientos y mantienen un contacto cercano con los demás. Se expresan a través de trabajos creativos como música, escritura, baile o cualquier otra cosa que pueda equilibrar sus emociones. Las personalidades del tipo cuatro tienden a acumular su energía en la sección media de sus cuerpos, y esto puede llevarlos a retraerse.

Las fortalezas del individualista incluyen:
- Compasión
- Idealismo
- Profundidad emocional
- Corazón abierto
- Calor
- Comportamiento acogedor
- Habilidad artística

Las debilidades del individualista incluyen:
- Mal humor
- Falta de cooperación
- Retraimiento
- Envidia
- Melancolía
- Insatisfacción
- Independencia

El patrón de la infancia

De niños, aquellos que exhiben un comportamiento de Tipo Cuatro probablemente han sentido una desconexión entre ellos y sus padres. Sus razones para sentirse aisladas o abandonadas no se pueden entender. A menudo sufrían abusos cuando eran más jóvenes o se sentían distantes de sus padres. El consejo que recibieron fue genérico y no adaptado a las necesidades del individualista. Desarrollaron un mecanismo de afrontamiento para lidiar con el rechazo y el aislamiento que sentían.

Prácticas que ayudan a los cuatro a desarrollarse

Abre tu corazón y, al juzgarte a ti mismo, toma nota de tu anhelo de realización y de los ideales que deseas. Las emociones que sientes provienen de una sensación de pérdida interior. Reúne toda la energía que has invertido en esta emoción y bájala. Respirar en tu centro permite que tus sentimientos vayan y vengan con cada latido. Agradece el aquí y el ahora, y no te concentres en lo que crees que falta. Recuerda el amor que tienes independientemente de cómo te percibas a ti mismo. Sé consciente de cómo te responden los demás cuando te aprecias a ti mismo.

Acepta todas las emociones positivas que existen. Reconoce que tienes muchas de las buenas cualidades que admiras en los demás. Construye tu identidad en torno a tu singularidad, tus dones y tus talentos.

Claves para la reflexión

Detente unos minutos cada día para reflexionar sobre lo siguiente:

Toma nota de cómo tu energía y atención regresan a lo que sientes que falta en tu vida. Permítete estar presente y ser positivo, observa la intensidad de tus sentimientos y vuelve a la calma y la sensación de paz.

Convierte lo ordinario en extraordinario al darte cuenta de la frecuencia con la que te centras en ser diferente y no en lo ordinario. Sé agradecido en el presente; reconoce que no falta nada valioso.

Sé amable y apréciate a ti mismo, y trata a los demás como iguales. Deshazte de la envidia cultivando la felicidad con los que te rodean. Ten un corazón generoso y confía en que no te falta nada.

Tipo cinco: EL INVESTIGADOR

Los Tipo Cinco, o Investigadores, se encuentran entre los tipos de personalidad más introspectivos. Les gusta concentrarse en encontrar un equilibrio entre sus sentimientos de aislamiento y sus sentimientos de pertenencia.

Este tipo de personalidad es curioso, innovador e independiente. Se preocupan tanto por desarrollar ideas y habilidades que pueden volverse distantes e intensos. Se les llama Investigador porque describe muy acertadamente este tipo de personalidad. Quieren saberlo todo: cómo funciona el mundo y por qué funciona de la forma en que lo hace. Están continuamente buscando y cuestionando, y muy raramente excepto las respuestas que se les dan. Quieren probarlo por sí mismos. Observan y contemplan, están escuchando y / o tomando notas, aunque sea en un hormiguero en el patio trasero. Se vuelven extremadamente seguros de sí mismos en el conocimiento que han adquirido. Les encanta recopilar información y procesarla en nuevas ideas. Debido a que sus identidades se basan en ser alguien que tiene ideas o algo nuevo y perspicaz para compartir, el conocimiento y la comprensión son muy valorados por ellos. Es por esta razón que las personalidades del Tipo Cinco se sienten atraídas por lo inusual, los secretos del universo, lo extraño y lo impensable. Al investigar lo desconocido, creen que esta es una forma de ganar independencia. Las personalidades del Tipo Cinco son generalmente académicos o expertos técnicos. Son perceptivos y analíticos.

Estos investigadores tienen la capacidad de separarse de otras personas que sienten que son intrusivas. Aunque disfrutan de su libertad, también pueden sentirse solos. Aunque son intelectualmente brillantes, las relaciones resultan ser las más desafiantes para ellos. Prefieren escapar a la seguridad de su mente para descubrir cómo lidiar con el mundo que los rodea, porque tienen una profunda inseguridad sobre cómo hacerlo bien en el mundo real. Se sabe que se separan de sus amigos y familiares, desarrollan una visión de túnel e incluso pierden el control de la realidad. Como resultado, a menudo pierden amistades en el proceso. Aunque puede ser incómodo, tienen que encontrar una manera de equilibrar su alejamiento de los demás y acercarse a ellos. Su miedo básico es ser incapaz o desamparado, y su deseo básico es ser competente.

Evitan los sentimientos de soledad y vacío al parecer conocedores y autosuficientes. Usan la separación física para cortar sus emociones. Se quedan atrapados en sus cabezas y se necesita un gran esfuerzo para traerlos de regreso. Se vuelven sensibles al sonido y al tacto, y la tensión se acumula en su centro.

Las fortalezas del investigador incluyen:
- Ansias de conocimiento
- Escolástica
- Autosuficiencia
- Percepción
- Racionalidad y tecnicismo
- Confianza
- Intimidad
- Curiosidad

Las debilidades del investigador incluyen:
- Aislamiento
- Tacañería
- Desapego
- Intelectualismo excesivo
- Retención de información
- Distracción
- Consideración
- Vulnerabilidad

El patrón de la infancia

De niños, este tipo de personalidad probablemente no estaba seguro de a dónde pertenecía. Es probable que siempre estuvieran mirando hacia afuera, en lugar de ser aceptados como parte del grupo. Es posible que no recibieran interacción o afecto de sus cuidadores adultos. Es posible que hayan levantado muros a su alrededor como defensa y se hayan retirado a sus mentes para bloquear a los padres intrusos. Sus vidas familiares podrían haber sido abusivas o simplemente se sentían incomprendidos. Eran los niños que se escondían en sus habitaciones para leer o para dominar alguna materia u otra. Han aprendido a distanciarse y pedir poco a las personas, para que a su vez eviten las expectativas puestas en ellos.

Prácticas que ayudan a los cinco a desarrollarse

Con un enfoque cálido y de corazón abierto, toma nota de la tendencia a desapegarte de los sentimientos. Te reprimes con una energía de la que no puedes prescindir. Crees que, para protegerte de las demandas de este mundo, debes tener tiempo y espacio para ti. Debes creer que tienes suficiente energía para dedicarte por completo a tus sentimientos y tener la confianza de que no estarás agotado, sino nutrido. Respira hacia tu centro, hacia tu vientre y conéctate con tus sentimientos. Recuerda no alejarte de los demás, pero ten en cuenta que es tu mentalidad protectora la que está agotando tu energía. Los demás te apoyan, especialmente cuando tu corazón está abierto.

Acepta la gran cantidad de conocimientos que ya tienes, pero date cuenta de que no necesitas saberlo todo. Necesitas personas que te ayuden a ponerte en contacto con tu humanidad. Sigue tus consejos y escucha tus opiniones; esto puede llevarte a un nuevo mundo de descubrimientos.

Claves para la reflexión

Detente unos minutos al menos tres veces al día para centrarte y reflexionar sobre lo siguiente:

Abre tu corazón con confianza, sabiendo que no te agotará tus energías; en cambio, serás nutrido.

Observa lo que sucede en tu cuerpo cuando te retiras de las intrusiones. Deja que esta sea la señal para recordarte que debes relajarte.

Dile a ti mismo que los hábitos de protección que has establecido en realidad están restringiendo tus necesidades y deseos. Esto conducirá a la privación, lo opuesto a la alimentación.

Siempre que sientas que tu energía se está agotando, recuerda que necesitas volver al flujo natural de la energía del universo. Sabrás todo lo que necesitas saber y aceptarás que estarás en paz sin saberlo. Tienes suficiente conocimiento. Sé generoso con la abundante energía de la vida y, mientras respiras el flujo de energía natural, comprende que recibirás lo que necesitas.

Tipo seis: EL LEAL

Los de Tipo Seis, o Leales, realmente hacen honor a su nombre, aunque a menudo necesitan enfrentar sus miedos para encontrar sus comunidades.

Estas personalidades son excelentes solucionadores de problemas; son comprometidos, trabajadores y responsables. Tienen la asombrosa habilidad de prever problemas. Son una de las personas más leales que hay. Literalmente "se hundirán con el barco" y se aferrarán a sus amigos y familiares mucho más tiempo que otros. Encuentran su lugar en el mundo a nivel social y, como resultado, se dedicarán a esas relaciones. La confianza es de gran importancia para un leal, y encuentran consuelo al saber que los demás los respaldan. Necesitan la seguridad y el compromiso de su grupo de compañeros, y soportarán a aquellos a quienes consideran fuertes. La paz interior es un desafío para muchos, pero con tiempo y esfuerzo, pueden alcanzar sus metas de confianza y seguridad. Son muy reflexivos y harán que sus colegas avancen frente a ellos. Como jugadores de equipo, se enorgullecen de servir a los demás y harán un esfuerzo adicional para desarrollar habilidades que beneficiarán a su organización. Aunque pueden ser bastante escépticos, también son astutos mentalmente; son plenamente conscientes de sus defectos y su autoestima puede incluso fluctuar.

Siempre que las personalidades del Tipo Seis analizan en exceso la información, se sienten ansiosas y se vuelven inquietas, imaginando el peor escenario posible. Esto generalmente los vuelve paranoicos y luego se engañan al pensar que están en peligro constante. No todas las personalidades de Tipo Seis son tranquilas, algunas de ellas pueden ser bastante rebeldes hasta el punto de ser revolucionarias. Terminan luchando por sus creencias con mucha más vehemencia que por ellos mismos. Se volverán competitivos y, en algunos casos, arrogantes. Su miedo básico es no tener el apoyo y la orientación que necesitan y su deseo básico es tener un fuerte apoyo y seguridad.

Las personalidades del Tipo Seis a menudo dudan y se preocupan. Se preparan para los riesgos y, como resultado, la miopía es común porque sus ojos se vuelven sospechosos, cautelosos, temerosos e incluso protuberantes. Su diafragma tiene bastante tensión, lo que a veces produce una forma vacilante de hablar.

Las fortalezas del Leal incluyen:
- Pensamiento estratégico
- Lealtad
- Valor
- Atención
- Organización
- Ser un jugador en equipo
- Compromiso
- Autenticidad

Las debilidades del Leal son:
- Recelo
- Pesimismo
- Jugar al abogado del diablo
- Lleno de dudas
- Autolimitación innecesaria
- Insistencia o agresión innecesaria
- Terquedad o incapacidad para perdonar
- Escepticismo

El patrón de la infancia

De niños, las personalidades de Tipo Seis pueden haber sido criadas en circunstancias inseguras y / o impredecibles. Aunque tenían una conexión con las figuras adultas en sus vidas, no siempre fue una conexión positiva. Como resultado, aprendieron a depender de sí mismos para recibir orientación. Desarrollaron una tendencia a internalizar su ira, lo que a menudo conducía a algún tipo de autodestrucción. Se volverían desconfiados y se rebelarían si sintieran que una figura autoritaria perdiera su confianza. Aunque anhelan la seguridad de amigos y familiares que los apoyen, también tienen mucha desconfianza en ellos.

Prácticas que ayudan a los seis a desarrollarse

Sin juzgarte a ti mismo, toma nota de cómo tus preocupaciones sobre los peligros percibidos alimentan tu energía en miedos y dudas subyacentes. Recuerda que no es necesario que te cuestiones todo para tranquilizarte. Cree que eres amado, seguro y valorado, y que el mundo no es tan peligroso como crees. Toma cualquier energía que esté en su mente y dirígela al centro de tu vientre, calmando tu mente. No es necesario que enfrentes desafíos pensando negativamente. Toma nota de los aspectos positivos de tu vida y pon tu energía en ellos. Observa cómo los demás te responden cuando tienes fe en ti mismo.

Nadie está exento de ansiedad, por lo que lo que sea que estés experimentando no es exclusivo tuyo. Toma el control de tus miedos y aprende a manejar tus reacciones. Dale a los demás el beneficio de la duda y apúntate a construir relaciones duraderas.

Claves para la reflexión

Detente durante unos minutos al menos tres veces al día para centrarte y reflexionar sobre lo siguiente:

Cuando sientas que el miedo entra en tu cuerpo, averigua si existe una amenaza real o simplemente es un desafío. La mayoría de las veces solo estás magnificando algo que tiene la apariencia de miedo.

Recuerda, ten un punto ciego cuando se trata de miedo. Tu imaginación hace que lo que estás experimentando se sienta cien veces peor de lo que realmente es. Muévete para remediar esto, en lugar de alejarte de él.

Libera cualquier duda o pensamiento contrario cada vez que se te ocurran. Esta es la única forma en que podrás avanzar.

Sé amable y de corazón abierto contigo mismo y practica algunas veces al día. Solo toma uno o dos minutos de tu día para recibir la energía y obtener el coraje natural. Muévete hacia, y no en contra, cualquier situación aterradora en la que puedas encontrarte. Sé observador y discierne lo que es real y lo que no es real. Ten fe en ti mismo y en la vida, para enfrentarte directamente a situaciones de miedo y haz del miedo tu amigo. Cultiva el coraje, no los peores escenarios.

Tipo Siete: EL ENTUSIASTA

Los Tipo Siete, o entusiastas, son aventureros de corazón. Aceptan sus sentimientos como lo harían en su próxima aventura.

Este tipo de personalidad son extrovertidos juguetones y versátiles. Son animados y entusiastas en casi todo. Persiguen lo que quieren en la vida, están decididos y les encanta el sentido de la aventura. También pueden ser un poco despistados e indisciplinados. Aprenden rápido y tienen la capacidad de asimilar lenguajes, procedimientos, etc. También son innovadores y motivadores, tienen interés en una variedad más amplia de cosas. Les gusta mantener abiertas sus opciones y no les gustan las limitaciones. No les importan las opiniones que los demás tengan de sí mismos, solo quieren divertirse. Tienen una energía infinita y una curiosidad implacable. Los entusiastas son como niños en una tienda de golosinas y tratan al mundo como su patio de recreo. Son altamente productivos y carismáticos y enfrentarán cualquier desafío de frente. Encuentran las lecciones en cada experiencia, ya sea buena o mala, y buscan constantemente el próximo nivel.

Aunque pueden aprender muchas cosas diferentes con facilidad, les resulta difícil elegir una en la que concentrarse. Se distraen con tanta facilidad que a muchos les resulta difícil mantener el rumbo. Las personalidades del Tipo Siete no son demasiado buenas para concentrarse, porque siempre creen que algo más grande y mejor les espera. Como resultado de esto, no le dan valor a sus habilidades. Pueden ser egocéntricos y restar importancia a sus faltas; a menudo se muestran reacios a reconocer sus emociones negativas. Son susceptibles a la depresión y los trastornos de ansiedad. Por miedo a perderse algo, los Tipo Siete meterán tanta actividad en sus vidas como sea posible mientras sus verdaderos deseos se esconden en lo más profundo de ellos.

Se agotan rápidamente, se vuelven demasiado críticos y se molestan con los pequeños detalles. La energía de las personalidades de tipo siete sale de sus cuerpos y, por lo tanto, permanecen sobreestimuladas la mayoría de las veces. En lugar de enfrentar el dolor físico, luchan por mantenerse firmes y cualquier dolor que experimentan se explica. Tienen un miedo básico de sufrir dolor o de sufrir privaciones. Su deseo básico es satisfacer sus necesidades y estar contentos.

Las fortalezas del entusiasta incluyen:
- Aventura
- Pensamiento rápido
- Actitud positiva
- Popularidad
- Amante de la diversión
- Optimismo
- Alegría

Las debilidades del entusiasta incluyen:
- Ensimismamiento
- Falta de compromiso
- Consumo excesivo de ideas o experiencias
- Miedo a perderse
- Siempre opina
- Terquedad

El patrón de la infancia

De niños, es posible que se hayan sentido desconectados de la crianza o que se hayan apartado de la crianza demasiado pronto. Es posible que hayan descubierto que no podían contar con nadie más que con ellos mismos. El criador podría haber sido cualquier miembro de la familia responsable de ellos. Cualquiera sea la razón de esto, falta de comunicación o abuso, las personalidades del Tipo Siete se enfocaron en actividades de transición para llenar el vacío y nutrirse a sí mismas, porque no podían depender de otros para llenar el vacío. Encontraron distracciones para satisfacer sus necesidades y reprimir todos sus miedos. Todo lo que les traía, incluso un poco de felicidad, se convirtió en un símbolo de crianza.

Prácticas que ayudan al siete a desarrollarse

Abre tu corazón y conéctate, y sin juicios, toma nota de cómo tu mente corre a través de los diferentes planes y posibilidades que son impulsados por tu energía. Esto proviene de tu creencia de que para sentirte amado y seguro, debes emprender todas las aventuras de la vida. Podrás ver cómo al escapar te has estado limitando y, por lo tanto, robándote una vida holística. Respira hacia el centro de gravedad de tu vientre y baja tu energía. Concéntrate en la fluidez de tu respiración y acepta todos los sentimientos que surgen. Concéntrate en aceptar tanto las alegrías como las tristezas que trae la vida. Toma nota de cómo te responden los demás cuando aceptas lo que la vida tiene para ofrecerte.

Crea más oportunidades para ti al escuchar las ideas de los demás. Analiza los aspectos positivos y negativos de cualquier elección o decisión antes de embarcarte en ellas. Esto te aportará un gran valor y te beneficiará a largo plazo.

Claves para la reflexión

Detente unos minutos al menos tres veces al día para centrarte y reflexionar sobre lo siguiente:

Siempre que planifiques resultados positivos, observa que tus niveles de energía fluctúan. Regresa al presente pleno del momento y permítete ver tanto el dolor como la alegría.

Ten en cuenta en tus pensamientos las cosas que te traen satisfacción. Ahora pon cantidades iguales de energía en los demás y en ti mismo.

Cuando sientas algo doloroso o angustioso dentro de tu cuerpo, tu respuesta natural es convertirlo en algo positivo. Respira hacia tu centro y enfrenta estos sentimientos con discernimiento.

Muestra amabilidad practicando los siguientes minutos cada día. Recibe la energía y está presente en cada momento. Concentra tu atención en lo que está frente a ti; haz solo una cosa a la vez. Practica la respiración contando cada respiración, empieza de nuevo si pierdes la cuenta, sigue llevándote al momento presente. Escucha cuando otros estén hablando; no respondas, solo escucha. Reflexiona sobre todas las emociones que te puedan resultar difíciles, como el dolor y el sufrimiento.

Tipo ocho: EL DESAFIANTE

Los Tipo-Ocho, o los Desafiantes, deben recordar soltarse para encontrar el amor en sus vidas, algo que a veces puede ser difícil para ellos.

Los tipos de personalidad del Tipo Ocho son fuertes y asertivos, pero también tienden a ser un poco egocéntricos. Disfrutan afrontando nuevos desafíos y dando a otros la oportunidad de desafiarlos también. Su naturaleza carismática hace que muchas personas se unan a ellos en diversos esfuerzos, desde librar la guerra hasta reconstruir una ciudad. Tienden a hacerse cargo y liderar, lo que puede resultar intimidante para los demás. Les gusta tener el control y hacer las cosas a su manera. Son muy protectores con sus amigos y familiares. Son ingeniosos y honorables; son líderes natos. Se preocupan por las necesidades de los demás y garantizan que el mundo sea un lugar mejor para todos. Pueden ser justos y equitativos, pero al mismo tiempo, pueden confrontar y perder los estribos. Necesitan ser independientes y rara vez trabajarán para otra persona. No se ven a sí mismos en ninguna otra posición que no sea la primera posición. Aunque pueden ser conscientes de lo que los demás piensan de ellos, las personalidades del Tipo Ocho no dejan que eso les moleste. Tienen la asombrosa habilidad de convertir los limones en la limonada más sabrosa.

Aunque son duros y pueden soportar cualquier cantidad de castigo físico, uno de sus mayores temores es el daño físico. Esta es una bendición y una maldición, porque pasan por alto la salud de los demás y dan por sentada su propia resistencia. Debajo del exterior duro que presentan, son bastante vulnerables. Se niegan a ser controlados y no tolerarán que nadie tenga poder sobre ellos. Desean dominar su entorno para demostrar que son fuertes. Estos tipos de personalidad tienen miedo al rechazo, así que en lugar de hablar de ello se distancian, por lo que su modus operandi es rechazar a los demás primero. Luego, eventualmente, pueden aislarse de los demás y volverse toscos y arrogantes. Su miedo básico es ser controlado o dañado por otros, y su deseo básico es protegerse y hacerse cargo de su propio destino. Su mecanismo de defensa es negar sus sentimientos para mantener una imagen de fuerza. La personalidad Tipo-Ocho tiene una gran cantidad de carga bioenergética en sus cuerpos, lo que los atrae a la intensidad.

Las fortalezas del Desafiante incluyen:
- Generosidad
- Poder
- Entusiasmo
- Asertividad
- Liderazgo
- Inocencia
- Energía
- Apoyo

Las debilidades del Desafiante incluyen:
- Enfado
- Dominación
- Carácter mandón
- Exceso
- Vulnerabilidad
- Venganza
- Agresión
- Combatividad
- Desconfianza

El patrón de la infancia

De niños, las personalidades de Tipo Ocho pueden haber madurado demasiado pronto y tuvieron que ocultar su vulnerabilidad para parecer fuertes. Quizás aprendieron a encontrar su lugar en la familia asumiendo fuertes roles de crianza. Si mostraron alguna suavidad, es posible que hayan sido rechazados o lastimados. Son aventureros y asertivos, lo que a menudo los castiga. Debido a los frecuentes castigos, adoptan una actitud de indiferencia y una determinación férrea. Cuanto más rechazo sintieran, más dura y agresiva sería su respuesta.

Prácticas que ayudan a los ocho a desarrollarse

Sin juzgarte a ti mismo, abre tu corazón para notar el impulso que tienes de actuar sobre cualquier injusticia que te haya sucedido. Esto proviene de la creencia de que para que seas amado y seguro, debes ser resuelto y fuerte para que aquellos con más poder no puedan aprovecharse de ti. A medida que la energía se eleva dentro de ti, respira y resiste la tentación de actuar de inmediato. Basado únicamente en tu versión de lo que es la verdad, ¿puedes notar la necesidad de actuar? Recoge esta energía y mantenla en el centro gravitacional de tu vientre. Lo que consideras protección contra la vulnerabilidad es en realidad la fuerza del impacto. Fíjate en cómo reaccionan y te responden los demás cuando te permites ser receptivo a sus verdades.

Recuerda que las personas y las relaciones son mucho más importantes que el poder. Aprende a hacer sacrificios y a trabajar junto a otros. Transfiere tu energía para empoderar, elevar e inspirar a las personas.

Claves para la reflexión

Tómate un tiempo para detenerte unos minutos cada día para centrarte y reflexionar sobre lo siguiente:

Toma nota de la necesidad de actuar que vive en tu cuerpo. Haz una pausa y reciba el regalo del tiempo, y luego toma las medidas pertinentes. Sé testigo del impacto que tiene en los demás cuando te detienes y respiras. Modera tu energía para adaptarte a la situación.

Recuerda que cualquier vulnerabilidad que sientas tiene una suavidad que la acompaña, y que ésta es una gran fuerza para complementar tu energía.

Sé amable contigo mismo y abre tu corazón a tener una mentalidad inocente. Disfruta el momento y experimenta el poder de no asumir ni culpar. Encarna la compasión y recibe la verdad en todas las cosas.

Tipo Nueve: EL PACIFICADOR

Los Tipo-Nueve, o Pacificadores, a menudo se convierten en participantes importantes en las conversaciones en las que participan, ya que son conocidos por ser estables y aceptables.

Son creativos y solidarios; quieren que todos se lleven bien. Están en una búsqueda para encontrar la paz para todos los que los rodean. Se les considera buscadores espirituales y, por lo tanto, buscan conexiones con el universo. Pueden ser complacientes y minimizarán los problemas para garantizar que todo funcione sin problemas. La personalidad del Tipo Nueve se basa principalmente en los mundos psicológico y espiritual. Irónicamente, también están basados en el mundo físico, lo que significa que también están en contacto con su instinto. La personalidad Tipo Nueve es la personalidad más básica de todas; se les considera gente de la "sal de la tierra". Tienen problemas para concentrarse en sus propias prioridades o cambiar de dirección hacia algo que necesita atención. Aunque les resulta difícil tomar decisiones por sí mismos, se destacan como mediadores. A pesar de que parecen ser ecuánimes y tranquilos, internalizan sus emociones.

Las fortalezas del Pacificador incluyen:
- Equilibrio
- Armonía
- Aceptación
- Acogedor
- Inclusivo
- Auténtico
- Adaptación

Las debilidades del Pacificador incluyen:
- Conflicto
- Testarudez
- Falta de atención
- Ambivalencia tomando el curso de acción correcto
- Agresión pasiva
- Distracción
- Distanciamiento

El patrón de la infancia

De niños, las personalidades de Tipo Nueve probablemente fueron pasadas por alto y como resultado se sintieron perdidas. Habrían tenido que mantener un perfil bajo y desconectarse de los problemas. Este era el niño que se ponía los auriculares y jugaba afuera mientras los familiares peleaban. Aprendieron a distraerse de sus propios sentimientos y concentrarse en hacer que los demás se sientan mejor. Pueden soltarse y dar voz a su ira, pueden volver a participar en el mundo.

Prácticas que ayudan a los nueve a desarrollarse

Abre tu corazón mientras permaneces conectado a tierra y toma nota de cómo tu energía es impulsada en muchas direcciones. Tantos entornos han reclamado tu energía que no te queda ninguno. Esto proviene de tu creencia de que, para ser amado, debes integrarte y permanecer en un segundo plano. Detente un minuto y respira, concéntrate en ti mismo. ¿Cuáles son tus prioridades y deseos? ¿Qué es importante para ti?

Desde el centro gravitacional en tu vientre, lleva tu atención hacia tu interior y conéctate con él. Ahora establece tus propios límites y prioridades. Ámate a ti mismo como amas a los demás. Toma nota del efecto que tiene en los demás cuando puedes amarte a ti mismo y observa cómo todos los demás te responden cuando hablas por ti mismo.

Fíjate metas y enfréntalas una a la vez. Anímate con tus propias palabras de sabiduría y buenos consejos. Adáptate a los cambios que vienen; tienes un gran potencial y eres más fuerte de lo que crees.

Claves para la reflexión

Detente unos minutos al menos tres veces al día para centrarte y reflexionar sobre lo siguiente:

Observa cómo tu atención se dirige automáticamente a otros que la necesitan. Usa esto como un marcador para devolver tu enfoque y atención a tus propias necesidades.

Toma nota de dónde está la resistencia en tu cuerpo y date cuenta de que esto es importante para ti. Explora la naturaleza de su importancia.

Siempre que te sientas molesto por un conflicto, siente dónde está tu cuerpo y qué está sintiendo. El conflicto es natural y debes aprender a lidiar con él de manera constructiva.

Sé amable contigo mismo y practica estos pasos todos los días, recordándote que es igual a todos los demás. Elije lo que es importante cuando te enfrentas a una incomodidad o un conflicto. Descubre y toma conciencia de tus intenciones y propósitos. Valórate a ti mismo como valoras a los demás y recuerda cuáles son tus prioridades. Y siempre que sientas resistencia, significa que algo importante está adentro.

Conclusión

La personalidad es cómo nos vemos a nosotros mismos, o lo que determinamos que son los rasgos de carácter de los demás. Cada pequeña cosa que haces envía información sobre tu personalidad, desde la razón por la que reaccionas de cierta manera, o lo que te gusta o no te gusta. Nuestras mentes utilizan esta información para establecer distinciones entre cada persona que conocemos. Quizás sea posible que haya una persona que pueda comunicarse con personas de todos los estilos de personalidad; puedes ser esta persona reflexionando sobre cómo se comportan otras personas y reestructurando tu propia personalidad. Una persona con una gran personalidad aportará positividad a cualquier situación, mientras que una persona que tiene la personalidad completamente opuesta parecerá lúgubre y sombría. Los psicólogos han determinado que las personas con personalidades enfermizas padecen un trastorno del miedo. Este miedo les impide abrirse a los demás y, en última instancia, estancar su crecimiento.

Aunque podemos parecer bastante diferentes por fuera, todos tenemos las mismas ansiedades y necesidades. De hecho, todos buscamos las mismas cosas, cosas como comprensión y reconocimiento. Una vez que tengas la capacidad de comprender qué motiva a un individuo, podrás interactuar y asociarte con otros de manera efectiva. El sistema del Eneagrama se puede utilizar para explicar casi cualquier cosa en el universo, y su importancia radica en el hecho de que es una herramienta valiosa para mejorar las relaciones.

Aquí hay un breve resumen de cada tipo de personalidad, según el test de personalidad del Eneagrama.

1. Los Reformadores: estos tipos de personalidad tienen ideales extremadamente altos de ser la persona perfecta. Tienen tendencia a tomarse las cosas en serio y se pondrán tensos si no pueden completar su trabajo a la perfección y a tiempo. Pueden ser sensibles a las críticas de otros.

2. Los Ayudantes: estos tipos de personalidad son cariñosos y siempre están dispuestos a ayudar a sus amigos y familiares. Aunque son personas cálidas, generosas y cariñosas, su confianza depende únicamente de los demás. No pueden decirle que no a nadie y tienden a exagerar las cosas por los demás y no tienen suficiente energía para sí mismos. Se agotan por los demás y se molestan si no reciben ayuda a cambio.
3. Los Triunfadores: estos tipos de personalidad nacen para tener éxito. Sus rasgos incluyen confianza, eficiencia, perseverancia, amabilidad, y la lista sigue y sigue. Siempre se comparan con otros que sienten que se desempeñan mejor que ellos.
4. Los Individualistas: estos tipos de personalidad son cálidos y expresivos. Disfrutan de las cosas buenas de la vida y se esfuerzan por ser únicos. Sienten las cosas profundamente y comprenden el verdadero significado de la vida. Esperan mucho de la vida y son buenos para entablar relaciones con quienes los comprenden. Son propensos a sufrir episodios de depresión y terquedad y, a veces, incluso de celos. Se lastiman con facilidad, especialmente cuando no se les entiende, porque dependen del apoyo emocional de los demás.
5. Los Investigadores: estos tipos de personalidad tienden a ser distantes y solitarios. Son observadores y tratan de analizar el mundo que los rodea. Aunque son amables y autosuficientes en tiempos difíciles, no son buenos para mostrar sus emociones. Tienen una tendencia a volverse sospechosos, contenciosos e incluso negativos a veces.
6. Los Leales: estos tipos de personalidad son personas trabajadoras y responsables. Son intelectuales seguros de sí mismos que exudan una actitud cálida hacia los demás. Pueden ser malos tomadores de decisiones y necesitan

constantemente la aprobación de los demás antes de poder hacer algo.
7. Los Entusiastas: estos tipos de personalidad son personas felices, alegres y amantes de la diversión. Son aventureros inquietos que aman viajar y corren riesgos a menudo. Son optimistas y responsables, y animan a otros a ser responsables también.
8. Los Desafiantes: estos tipos de personalidad tienen autoridad y confianza. Son sencillos y, a menudo, no se dan cuenta de cuando su manera de hacer daño a los demás. Aunque son solidarios y generosos, se sienten incómodos cuando se enfrentan a personas incompetentes. Les cuesta mostrar o expresar su agradecimiento cuando es necesario.
9. Los Pacificadores: estos tipos de personalidad evitan los conflictos a costa de hacer que los demás se sientan cómodos. Son personas que aceptan y se preocupan, pero carecen de la capacidad para tomar decisiones. Aunque tienen confianza, a menudo se confunden sobre qué es lo que realmente quieren.

Los eneagramas son prácticos y aplicables en nuestra vida diaria, como individuos y como comunidad; es un sistema integral que utiliza la sabiduría antigua, así como la psicología moderna, para ayudarnos a comprender a los demás ya nosotros mismos.

"La comprensión es el otro nombre del amor. Si no lo entiendes, no puedes amar ". Thich Nhat Hahn

Si disfrutaste este libro, ¡una revisión honesta siempre es apreciada!

www.ingramcontent.com/pod-product-compliance
Lightning Source LLC
Chambersburg PA
CBHW030046100526
44590CB00011B/340